70

gute Wünsche zum Geburtstag

Viel Glück & viel Segen!

1

Möge das Jahr dich mit seinen Geschenken beglücken:

mit den duftenden Blumen des Frühjahrs,
der wärmenden Sonne des Sommers,
der reichen Ernte des Herbstes.
Der Winter aber schenke dir
die Zeit der Stille für deine Seele.

Irischer Segenswunsch

2

Ich wünsche dir Weitblick

Sorge nicht,
wohin dich der einzelne Schritt führt:
Nur wer weit blickt,
findet sich zurecht.

Dag Hammarskjöld

3

Geniesse die Freude

Immer die kleinen Freuden aufpicken,
bis das große Glück kommt.
Und wenn es nicht kommt,
dann hat man wenigstens
die kleinen Glücke gehabt.

Theodor Fontane

4

Gönne dich dir selbst

Ich sage nicht:
Tue das immer.
Aber ich sage:
Tue es wieder einmal.
Sei wie für alle anderen Menschen
auch für dich selbst da.
Oder jedenfalls sei es
nach allen anderen.

Bernhard von Clairvaux

5

Bleib optimistisch

Im Grunde des Herzens
eines jeden Winters
liegt ein Frühlingsahnen,
und hinter dem Schleier jeder Nacht
verbirgt sich ein lächelnder Morgen.

Khalil Gibran

6

Lebe in Hoffnung

Nicht das Straucheln ist entscheidend,
sondern das Wiederaufrichten,
nicht die Resignation,
sondern die Hoffnung.

Franz Kardinal König

7

Sieh die hellen Wolken nur

Humor ist eine großartige,
eine befreiende Sache.
In dem Augenblick,
wenn er zutage tritt,
verfliegt all unser Ärger
und Verdruss,
und eine strahlende Heiterkeit
tritt an ihre Stelle.

Mark Twain

8

Viel Glück wünsch ich dir

Die Liebe ist das Flügelpaar,
das Gott der Seele gegeben hat.

Michelangelo Buonarroti

9

Bleib zuversichtlich

Ein glückliches Leben
ist der Genuss der Gegenwart,
das ewige Leben
ist die Hoffnung der Zukunft.

Ambrosius

10

Geh deinen Weg gelassen und ruhig

inmitten des Lärms
und der Hast dieser Zeit
und erinnere dich,
welcher Frieden
in der Stille liegt.

Aus der Lebensregel von Baltimore

11

Viel Kraft wünsch ich dir

Man muss schlaflose Nächte haben,
um etwas von dem Geheimnis
der großen Stille Mitternacht zu wissen.

Ferdinand Ebner

12

Höre auf dein Inneres

Die Fähigkeit,
glücklich zu leben,
kommt aus einer Kraft,
die der Seele innewohnt.

Marc Aurel

13

Beklage dich nicht

Wollen wir uns über die Zeit beklagen?
Nicht die Zeiten sind gut oder schlecht.
Wie wir sind, so sind auch die Zeiten.
Jeder schafft sich selber seine Zeit!
Lebt er gut, so ist auch die Zeit gut,
die ihn umgibt!
Ringen wir mit der Zeit, gestalten wir sie!
Und aus allen Zeiten
werden heilige Zeiten.

Aurelius Augustinus

14

Bleib geduldig

Alles fügt sich und erfüllt sich,
musst es nur erwarten können
und dem Werden deines Glücks
Jahr und Felder reichlich gönnen.

Christian Morgenstern

15

Deine Zeit ist immer

Jedes Werden in der Natur,
im Menschen, in der Liebe,
muss abwarten, geduldig sein,
bis seine Zeit zum Blühen kommt.

Dietrich Bonhoeffer

16

Der Engel des Herrn
sei neben dir,

dich sanft zu umarmen,
dir Schutz zu geben
für alle Zeit.

Der Engel des Herrn
sei unter dir,
dich aufzufangen,
wenn du zu fallen drohst,
dich zu befreien aus der Schlinge.

Der Engel des Herrn sei über dir,
um dich zu segnen.

17

Bewahre das Staunen

Der einfachste und kindlichste
ist der Weg des Staunens
über die Natur
und des ahnungsvollen Lauschens
auf ihre Sprache.

Hermann Hesse

18

Gönne dir die Zeit der Ruhe

Was nützen dir
Liebe, Glück, Bindung, Reichtum,
wenn du dir nicht die Zeit nimmst,
sie in Muße zu genießen?

Karl A. Freiherr von Gleichen

19

Jeder Tag möge glückliche
Stunden dir schenken,

die das ganze Jahr dich begleiten.
Möge jeder Morgen dir
Freude bringen
und jeder Abend Frieden.
Die Sorgen dagegen
sollen nur wenig sich mehren.

Irischer Segenswunsch

20

Lerne vom Einfachen

Das Große geschieht so schlicht
wie das Rieseln des Wassers,
das Fließen der Luft,
das Wachsen des Getreides.

Adalbert Stifter

21

Erkenne dein Glück

Das Glück
ist meistens wie eine Brille,
nach der man vergebens sucht.
Man findet sie nicht,
weil man sie schon
auf der Nase hat.

Paul Hörbiger

22

Sei stolz auf deine Lebenskunst

Jeden Augenblick des Lebens,
er falle,aus welcher Hand des Schicksals
er wolle, uns zu,
den günstigen, so wie den ungünstigen,
zum bestmöglichen zu machen,
darin besteht die Kunst des Lebens,
und das eigentliche Vorrecht
eines vernünftigen Wesens.

Georg Christoph Lichtenberg

23

Bleib sensibel

Nicht das Vielwissen sättigt die Seele
und gibt ihr Befriedigung,
sondern das innere Schauen
und Verkosten der Dinge.

Ignatius von Loyola

24

Gute Begegnungen wünsche ich dir

Das Bewusstsein eines erfüllten Lebens
und die Erinnerung an viele gute Stunden
sind das größte Glück auf Erden.

Cicero

25

Höre auf deine Seele

Täglich eine halbe Stunde auf Gott zu
horchen ist wichtig, außer wenn
man sehr viel zu tun hat,
dann ist eine ganze Stunde nötig.

Franz von Sales

26

Bleib aufmerksam

Das Älterwerden ist wie
eine Bergbesteigung: Je höher man kommt,
desto müder und kurzatmiger wird man,
aber dafür weitet sich
der Blick immer mehr.

Ingmar Bergman

27

Hab Zeit und Geduld

Erscheint dir etwas unerhört,
bist du tiefsten Herzens empört,
bäume nicht auf,
versuch's nicht mit Streit,
berühr es nicht,
überlass es der Zeit.
Am ersten Tag wirst du
feige dich schelten,
am zweiten lässt du
dein Schweigen schon gelten,
am dritten hast du's überwunden;
alles ist wichtig nur auf Stunden.
Ärger ist Zehrer und Lebensvergifter,
Zeit ist Balsam und Friedensstifter.

Theodor Fontane

28

Entdecke immer wieder Neues

Solange man mit
Augen, Mund und Ohren neugierig ist,
trotzt man dem Alter.

L. Lencester

29

Glaube an deine Stärke

Wenn du darauf achtest,
wie du bei dir im Innern bist,
so wirst du nicht mehr sorgen,
was die Leute über dich reden.

Thomas von Kempen

30

Lebe in Harmonie mit dir selbst

Ich habe gelernt,
vom Leben nicht viel zu erwarten.
Das ist das Geheimnis
aller echten Heiterkeit
und der Grund,
warum ich immer
angenehme Überraschungen
statt trostloser Enttäuschungen erlebe.

George Bernard Shaw

31

Vertrau auf dein Gefühl

Nicht was wir erleben,
sondern wie wir es empfinden,
macht unser Schicksal aus.

Marie von Ebner-Eschenbach

32

Bleib begeisterungsfähig

Wir werden nicht älter mit den Jahren,
wir werden neuer jeden Tag.

Emily Dickinson

33

Bleib neugierig

Genau wie ich einen jungen Menschen gutheiße, in dem eine Spur von Alter ist, billige ich einen alten Menschen, der das Aroma der Jugend hat. Wer sich bemüht, Jugend und Alter zu vermischen, wird wohl körperlich altern, aber nie geistig.

Aristophanes

34

Verschenke dich

Liebe kann man nicht schenken,
wenn man sie nicht hat; und man hat sie
erst, wenn man sie schenkt.

Aurelius Augustinus

35

Bleibe jung im Herzen

Man bleibt jung, solange man noch lernen, neue Gewohnheiten annehmen und Widerspruch ertragen kann.

Marie von Ebner-Eschenbach

36

Lebensfreude wünsche ich dir

Das Leben ist eine Chance – nutze sie.
Das Leben ist Schönheit – bewundere sie.
Das Leben ist Seligkeit – genieße sie.
Das Leben ist ein Traum – verwirkliche ihn.

Das Leben ist
eine Herausforderung – stelle dich ihr.

Mutter Teresa

37

Nimm dir Zeit

Nimm dir Zeit zu arbeiten –
das ist der Preis des Erfolges.

Nimm dir Zeit zu spielen –
das ist das Geheimnis der ewigen Jugend.

Nimm dir Zeit zu lesen –
das ist die Quelle der Weisheit.

Nimm dir Zeit, freundlich zu sein –
das ist der Weg zum Glück.

Nimm dir Zeit zu lachen –
das ist die Musik der Seele.

Irischer Segenswunsch

38

Bleibe im Gleichgewicht

Der Himmel hat den Menschen
als Gegengewicht
gegen die Mühseligkeit des Lebens
drei Dinge gegeben:
die Hoffnung, den Schlaf und das Lachen.

Immanuel Kant

39

Blicke dankbar zurück

Wer jeden Abend sagen kann,
ich habe gelebt, dem bringt jeder
Morgen einen neuen Gewinn.

Lucius Annaeus Seneca

40

Ich wünsche dir gute und warmherzige Erinnerungen

Lasst das Heute
die Vergangenheit
mit Erinnerungen umarmen
und die Zukunft mit Sehnsucht.

Khalil Gibran

41

Bleib, wie du bist

Wünsche nicht,
etwas anderes zu sein,
als du bist, aber
versuche, dies so gut
wie möglich zu sein.

Franz von Sales

42

Gott segne dich und gehe dir voran

Er weise dir den richtigen Weg.
Gott sei in deiner Nähe
und lege seinen Arm
sanft um dich.
Gott sei hinter dir,
schütze dich vor allem Bösen.
Gott sei unter dir,
dich aufzufangen wie ein Netz.

Irischer Segenswunsch

43

Vertraue deinem Herzen

Nehmen wir uns nicht zu viel vor.
Es genügt die ruhige Suche
nach dem Guten an jedem Tag,
ohne Übertreibung und Ungeduld.

Johannes XXIII.

44

Bewahre deine Weitsicht

Wer gesammelt in der Tiefe lebt,
der sieht auch die kleinen Dinge
in großen Zusammenhängen.

Edith Stein

45

Fröhliche Menschen mögen dir begegnen

Wo immer das Glück sich befindet,
hoffe, an seinem Ort zu sein.
Wo immer ein Mensch lächelt,
hoffe, dass dieses Lächeln dir gilt.
Wo immer die Sonne
aus den Wolken schaut,
hoffe, dass sie für dich scheint,
damit jeder Tag deines Lebens
dich mit seinem Licht empfängt.

Irischer Segenswunsch

46

Lebe einfach und glücklich

Ich verstehe nicht, warum die Menschen so viel Verlangen nach Reichtum haben.

Reichtum ist einfach ein Überfluss an dem, was wir nicht brauchen.

Abraham Lincoln

47

Nimm dich nicht immer zu ernst

Die Leute,
die über sich selber lachen können,
die sind schon auf dem richtigen Weg.

Isabella Schneider

48

Die Liebe und Zuneigung des Himmels seien mit dir

Die Liebe und Leidenschaft
der Heiligen seien mit dir,
die Liebe und Gewogenheit
der Engel seien mit dir,
die Liebe und wärmende Kraft
der Sonne seien mit dir,
die Liebe und das wegweisende Licht
des Mondes seien mit dir –
an jedem Tag und in jeder Nacht
deines Lebens.

Irischer Segenswunsch

49

Möge das Glück bei dir sein

Seelenruhe, Heiterkeit und Zufriedenheit
sind die Grundlagen allen Glücks,
aller Gesundheit und des langen Lebens.

Christoph Wilhelm Hufeland

50

Lebensfreude wünsch ich dir

Drei Dinge sind uns
aus dem Paradies geblieben:
die Sterne der Nacht,
die Blumen des Tages und die Augen
der Kinder.

Dante Alighieri

51

Sei dankbar für deinen Weg

Weite Welt und breites Leben,
Langer Jahre redlich Streben,
Stets geforscht und stets gegründet,
nie geschlossen, oft geründet,
Ältestes bewahrt mit Treue,
Freundlich aufgefasstes Neue,
Heitern Sinn und reine Zwecke:
Nun, man kommt wohl eine Strecke!

Johann Wolfgang von Goethe

52

Zufriedenheit wünsche ich dir

Zufrieden sein ist große Kunst,
Zufrieden scheinen großer Dunst,
Zufrieden werden großes Glück,
Zufrieden bleiben Meisterstück.

Volksweise

53

Vertrau deinen Erfahrungen

Das sind die Weisen,
Die durch Irrtum zur Wahrheit reisen.
Die bei dem Irrtum verharren,
Das sind die Narren.

Friedrich Rückert

54

Bleib offen

Die Liebe lebt
von liebenswürdigen Kleinigkeiten.

Theodor Fontane

55

Bleibe wach

Jeder, der sich die Fähigkeit erhält,
Schönes zu erkennen,
wird nie alt werden.

Franz Kafka

56

Gottes Segen wünsche ich dir

Möge Gott auf dem Weg,
den du gehst,
vor dir hereilen.
Das ist mein Wunsch
für deine Lebensreise.
Mögest du die hellen Fußstapfen
des Glücks finden
und ihnen
auf dem ganzen Weg folgen.

Irischer Segenswunsch

57

Pflege Seele, Leib und Sinne

Drei Pfade hat der Mensch in sich,
in denen sich sein Leben tätigt:
die Seele, den Leib und die Sinne.

Hildegard von Bingen

58

Geniesse die Stille

Stille kommt von stehen.
Wer still werden will, muss stehen bleiben,
um schauen und horchen zu können.

Anselm Grün

Sieh immer die helle Seite

Sonnenschein ist köstlich,
Regen erfrischt,
Wind kräftigt,
Schnee erheitert.

Es gibt kein schlechtes Wetter,
es gibt nur verschiedene Arten von gutem.

John Ruskin

60

Sei gut zu dir

Eine heilige Aufmerksamkeit
sollen wir für uns selber haben
und zu allen Zeiten in uns tragen,
dass wir uns vor Gebrechen bewahren.
Eine liebevolle Aufmerksamkeit
sollen wir für unsere Mitmenschen
haben, ihnen die Fehler
wohlmeinend allein
offenbaren.

Mechthild von Magdeburg

61

Gott schütze dich

Er bewahre dich
vom Kopf bis zu den Füßen.
Er schenke dir seinen Frieden.

Irischer Segenswunsch

62

Lebe deine Sehnsucht

Wenn du ein Schiff bauen willst ...
... lehre die Männer die Sehnsucht
nach dem weiten, endlosen Meer.

Antoine de Saint-Exupéry

63

Bleib in der Liebe

Die wichtigste Stunde
ist immer die Gegenwart,
der bedeutendste Mensch
ist immer der,
der dir gerade gegenübersteht,
und das notwendige Werk
ist immer die Liebe.

Meister Eckhart

64

Erkenne dein Glück

Glücklich machen ist das höchste Glück!
Aber auch dankbar
empfangen können ist ein Glück.

Theodor Fontane

65

Gott schenke dir Humor

Möge Gott dir die Gabe des Humors schenken, die Gabe, die glückliche Seite des Lebens zu sehen.

Irischer Segenswunsch

66

Pflege die Liebe

Mögest du
die reichen Lebenstage
in deinem Herzen
in Dankbarkeit bewahren.
Möge die Gabe der Liebe
von Jahr zu Jahr wachsen,
damit du alle, die dich umgeben,
mit Freude erfüllst.

Irischer Segenswunsch

67

Verliere nie die Hoffnung

Hoffnung ist nicht die Überzeugung, dass etwas gut ausgeht, sondern die Gewissheit, dass etwas Sinn hat, egal wie es ausgeht.

Václav Havel

68

Verlasse dich auf deine Lebensweisheit

Herr, gib mir die Kraft zu ändern, was ich ändern kann, die Demut anzunehmen, was sich nicht ändern lässt, und die Weisheit, zwischen beiden zu unterscheiden.

Altes Weisheitsgebet

69

Behalte deinen Humor

Der Humor nimmt die Welt hin,
wie sie ist, sucht sie nicht zu verbessern
und zu belehren, sondern sie mit Weisheit
zu ertragen.

Charles Dickens

70

Ich wünsche dir, dass dir Zeit zum Träumen bleibt

Wer nicht an Wunder glaubt,
ist kein Realist.

David Ben-Gurion

Fotonachweis

Umschlag: © stock.adobe.com/fototheobald; Innen: © thongsee/Fotolia.de, © Andrzej Tokarski/Fotolia.de, © Acik/Fotolia.de, © Yuriy Kulik/Fotolia.de, © Sunnydays/Fotolia.de, © Mikhail Tchkheidze/Shutterstock.de, © Swetlana Wall/Fotolia.de, © gary718/Shutterstock.de, © fotografiche.eu/Fotolia.de, © Deminos/Fotolia.de, © Anastasiya Igolkina/Fotolia.de, © Yul/Fotolia.de, © Elena Volkova/Fotolia.de, © Elenaphotos21/Fotolia.de, © silviaantunes/Fotolia.de, © Lilya/Fotolia.de, © Peter Kirschner/Fotolia.de, © Antje Lindert-Rottke/Fotolia.de, © PhotoSG/Fotolia.de, © João Almeida/Fotolia.de, © Alekss/Fotolia.de, © Yuriy Kulik/Fotolia.de, © styf/Fotolia.de, © rgbspace/Fotolia.de, © Elenathewise/Fotolia.de, © William Wang/Fotolia.de, © Profotokris/Fotolia.de, © terranova_17/Fotolia.de, © Santorini/Fotolia.de, © dephoto/Fotolia.de, © Konstiantyn/Fotolia.de, © Thomas Perkins/Fotolia.de, © Ray/Fotolia.de, © silver-john/Fotolia.de, © Patrizia Tilly/Fotolia.de, © Stanislav Tokarski/Fotolia.de, © gandolf/Fotolia.de, © Giuseppe_R/Fotolia.de, © GIS/Fotolia.de, © vencav/Fotolia.de, © Ivan Trucic/Fotolia.de, © suzanmeer/Fotolia.de, © wajan/Fotolia.de, © marilyn barbone/Fotolia.de, © Miredi/Fotolia.de, © Andrejs/Fotolia.de, © by-studio/Fotolia.de, © Farmer/Fotolia.de, © Ivan Gulei/Fotolia.de, © Jag_cz/Fotolia.de, © silver-john/Fotolia.de, © sborisov/Fotolia.de, © Andreas Eberhardt/Fotolia.de, © Jean-Jacques Cordier/Fotolia.de, © Anyka/Fotolia.de, © terranova_17/Fotolia.de, © Pseudonym/Fotolia.de, © wajan/Fotolia.de, © Jeanne Hatch/Fotolia.de, © Stefan Körber/Fotolia.de, © Jürgen Fälchle/Fotolia.de, © Murat Baysan/Fotolia.de, © Zeljiko Radojko /Fotolia.de, © godfather/Fotolia.de, © Ivan Gulei/Fotolia.de, © Mee Ting/Fotolia.de, © K.-U.Häßler/Fotolia.de, © Franz Metelec/Fotolia.de, © Konstantin Sutyagin/Fotolia.de, © momanuma/Fotolia.de.

Wir danken den genannten Rechteinhabern für die freundliche Erteilung der Abdruckgenehmigung. Der Verlag hat sich bemüht, alle Rechteinhaber in Erfahrung zu bringen. Für zusätzliche Hinweise sind wir dankbar.

Bibliografische Information der Deutschen Nationalbibliothek
Die Deutsche Nationalbibliothek verzeichnet diese Publikation in der Deutschen Nationalbibliografie; detaillierte bibliografische Daten sind im Internet über http://dnb.d-nb.de abrufbar.

ISBN 978-3-7462-6239-0

Zusammenstellung: Volker Bauch, Gößnitz
Umschlaggestaltung: Ulrike Vetter, Leipzig
Gesamtherstellung: Kontext, Dresden (J)